WAS ICH DIR ZUR FIRMUNG WÜNSCHE

Stephan Sigg

MUT

Vergiss nicht:
Mutig ist nicht, wer vom 10-Meter-Turm springt,
mutig ist, wer wieder herunterklettert.

Mut

Alle Leute aus den 2000ern haben eine wichtige Mission:

Mutig jedem Übel die Stirn bieten,

eigene Wege gehen,

ohne Angst vor schrägen Blicken und beißendem Spott.

Ich traue dir das zu.

Und falls dir doch mal die Knie schlottern:

GOTT, LASS VIEL MUT VOM HIMMEL REGNEN!

SEI KEIN FEIGLING

Du hast der Welt viel zu sagen und eine Menge zu zeigen. Mach die anderen aufmerksam auf die Dinge, die dir wichtig sind. Nimm alle in Schutz, auf die man mit dem Finger zeigt und die man verfolgt, selbst wenn du gerade der Einzige bist. Manchmal reicht schon: „Ich sehe das anders …" oder

„Das finde ich jetzt wirklich nicht gerecht …"

Mit dem Strom schwimmen, seine Meinung immer nach den anderen richten und brav nachplappern? Das ist nur etwas für Feiglinge. Hallo Weltveränderer! Schnür deine Schuhe, hol tief Luft, die Welt braucht ganz dringend deine Superkräfte! Auf diesem Planeten verändert sich erst etwas, wenn jemand den Mund aufmacht, Fragen stellt und ausspricht, was andere verschweigen.

SONDERN MUT-TÄTER!

In allen Cafés, in jedem Bus, auf allen Sportplätzen, bei jedem Fest:

Leb deine Träume mit ganzer Kraft, mit ganzem Herzen

und nicht nur einmal im Jahr,

setz dich an 365 Tagen dafür ein, was dir wichtig ist.

Gott verspricht dir:

Ich bin an deiner Seite,

ich halte deine schlotternden Knie,

ich öffne deinen Hals,

wenn du vor lauter Angst kein Wort

herausbringst.

Ich flüstere dir die passenden

Worte ins Ohr, wenn ein Blackout

deinen Kopf blockiert.

Und schreist du an gegen einen

ganzen Chor, die große Masse,

dreh ich deine Stimme ganz laut,

damit sie jeder hören kann.

Hast du dir das schon auf dein Herz gekritzelt?

————————

Sei nicht der Clown, die Drama-Queen, der Rapper mit dem Aggro-Blick, der aufgepumpte Muskelprotz, Person Nummer 523, die vor schlechten Zeiten warnt und dabei ständig ihr Regenwetter-Gesicht spazieren führt. Sei einfach du selbst, denn sonst fehlt jemand auf dieser Welt.

EINE ENTSCHEIDUNG

KLAPPT AM BESTEN:

Mut

Reinspringen ins Ungewisse

Bereit sein für Überraschungen

Vielleicht auch mal eine Nacht überschlafen

Eine zweite Meinung einholen

Worldwide nach Informationen googeln

Was sagt dein Bauchgefühl?

Auf dich vertrauen

Keine Angst vor Umwegen
und dem Kreisverkehr

Herz + Kopf

MISSLINGT DURCH:

Abwarten, bis du alt und grau bist

Nachdenken, bis der Zug abgefahren ist

Die Verantwortung auf andere abschieben

Die anderen 1:1 kopieren

Nur mit halber Kraft

Von tausenden Bedenken und
Zweifeln lähmen lassen

Kopflose Panik-Handlungen

Mut

HUMOR

Um anderen ein Lächeln ins Gesicht zu zaubern,
muss man keinen Kurs absolviert haben,
die Welt und ich zählen auf dich:
Bring uns alle immer wieder zum Lächeln,
bring unsere Gesichtsmuskeln zum Vibrieren,
wenn du nur gerunzelte Stirnfalten siehst!

Wenn alle Trübsal blasen
und mit schlechter Laune die Umgebung vergiften,
trägst du ein Lächeln im Gesicht
und gibst es an andere weiter.

DU KANNST

andere zum Lächeln bringen

andere mit guter Laune anstecken

Gewitterwolken weiterschieben

mit einer guten Nachricht einen ganzen Bus zum Schmunzeln bringen

mit anderen um die Wette strahlen

WORAUF WARTEST DU?

Smiley-Helden sind überall gerne gesehen. Jeder ist gerne mit Menschen zusammen, die mit ihrer Fröhlichkeit andere anstecken!

LOL

LICHTER IM DUNKELN

Wenn dir mal das Wasser bis zum Hals steht,
du alles hinwerfen willst und verzweifelt den Notausgang suchst,
erinnere dich daran:

Manchmal kann schon eine Sekunde später alles anders aussehen, plötzlich wieder das Passwort im Kopf, das das Programm öffnet, eine Abzweigung, die du erst jetzt entdeckst, eine überdachte Bushaltestelle, die dir Schutz vor dem Gewitter bietet.

Denk nie:

Alles vorbei, keine Chance mehr!

Sag nie:

Es hat keinen Sinn!

Schimpf mit allen, die dich zum

Aufgeben überreden wollen!

Halte weiter Ausschau nach dem

rettenden Anker!

Ich hoffe, du spürst

immer wieder:

_____

Gott ist jederzeit für dich da.

Du kannst mit ihm sprechen, über alles, das dich beschäftigt.

Gerade dann,

wenn niemand dir zuhört oder dir etwas total peinlich ist.

Gott behüte dich vor jedem Gewitter,

er bewahre dich vor jedem Straßengraben und den Stolperfallen auf dem Fußballplatz.

Er knipse für dich alle Scheinwerfer an,

wenn es in deinem Leben mal total dunkel wird.

(K) EIN ULTIMATIVER RAT

Du suchst den ultimativen Rat, wie du am besten Regentage überstehst? Auch ich kann dir diesen nicht geben. Aber eines weiß ich ganz bestimmt: Anstatt sich zu vergraben, an Zweifel und Reue zu nagen, zu klagen, alles zu verwünschen und über die Dunkelheit zu jammern, hilft es viel mehr, Augen und Ohren weit aufzumachen: Es gibt immer noch eine zweite Chance, eine weitere Runde, ein nächstes Spiel, einen anderen Weg, eine weitere Idee und da werden alle Karten neu gemischt.

LANGER ATEM

Ich weiß:

Du willst immer wieder mal mit dem Kopf durch die Wand.

Ich habe gehört:

Du kannst es kaum erwarten und zählst total genervt die Tage.

Ich habe beobachtet:

Manchmal kannst du kaum stillsitzen,

wackelst auf dem Stuhl und zappelst herum.

„Geduld bringt Rosen",
habe ich dir geraten, mehr als nur einmal,
„bloß nicht so schnell aufgeben, es klappt bald."
Natürlich: Du hast nur gelacht. „Woher willst du das wissen?"
Ja, auch ich habe manchmal keinen Plan.
Aber ich hoffe es und vertraue:
Du wirst es schaffen, es wird dir gelingen, du rockst die Welt!

ICH WÜNSCHE DIR LANGEN ATEM,

und mehrere Koffer voller Geduld.
Auch wenn dein Leben im Slow-Motion-Modus läuft,
vertrau darauf:
Du wirst es schaffen,
dein Traum wird in Erfüllung gehen,
selbst wenn du jetzt davon noch keinen Schimmer sehen kannst.

Wenn dich das Leben zum x-ten Mal niederboxt,
du am Boden liegst, die Kleider total verdreckt,
drück doch nochmals die Starttaste,
steh wieder auf, kämpf dich weiter durch
und konzentrier dich voller Kraft auf die nächste Runde!

FREUNDE

Wenn die Welt wieder mal grau in grau ist,
mögen Freunde an deiner Seite sein,
die mit dir Konfetti werfen.

Zu deiner Firmung habe ich Gott gebeten,

dass er dir unzählige Momente schenkt

mit Menschen, die die Hand für dich ins Feuer legen,

die immer ein offenes Ohr für dich haben,

die dir den Rücken stärken und dir den Rettungsring zuwerfen,

wenn du im offenen Meer treibst.

WENN ICH FÜR DICH EINEN WUNSCH

Dass ganz viele solche Menschen an deiner Seite stehen:

Optimisten

Dich-Versteher

Ermutiger

Schlechtwetter-Gefährten

Dich-so-wie-du-bist-Nehmer

REI HÄTTE, WÄRE ES DIESER:

Zu-dir-Steher

Auf-Durststrecken-Getränkereicher

Auch-in-Winternacht-Begleiter

Gott gab dir Augen,

damit du sofort siehst, wenn

jemand niedergeschlagen ist.

Gott gab dir Ohren,

damit du keinen Hilferuf

verpasst.

Er gab dir eine Nase,

damit du riechst, wenn sich

jemand große Sorgen macht.

Lass deine Freunde nie im Stich!

Herzliche Einladung!

Barfuß über die Sommerwiese spazieren

Mitten im Alltagstrubel: Setz dich einfach hin und tu … nichts!

Dich über den Sonnenaufgang freuen

Für jemanden mal einen Kuchen backen – einfach so!

Mach dich auf die Suche nach einem Ort, der dir Kraft gibt, an dem du dich sammeln, abschalten kannst.

Sag jemandem, der dir wichtig ist, ganz direkt und ohne Scheu: „Danke, dass es dich gibt!"

In einer Sommernacht zusammen mit anderen darauf warten, bis am Himmel eine Sternschnuppe zu sehen ist.

Probiere es mal aus! Ich bin gespannt, was du mir dann davon erzählst.

KREATIVE EINFÄLLE

Dringend gesucht:
Lösungen für die Probleme unserer Welt
damit wir uns besser verstehen,
Mauern niederreißen
den Hunger besiegen,
die grandiose Idee für die Rettung der Meere und Urwälder.
Ich und alle anderen zählen auf dich:
Du kannst die Lösung sein!

Vielleicht geht es dir wie mir:

Zu viele Städte mit zu viel Beton, zu viele leerstehende Hallen, öde Fassaden. Zu viele Nachbarn, die zerstritten sind.

Zu viele Zäune, zu viele Leute, die einsam zuhause auf ihren Sofas warten, zu viele Brote und Joghurts,

die weggeworfen werden. Unsere Städte, unsere Dörfer könnten ganz anders aussehen, unser Leben ganz anders sein.

Mal angenommen, jeder würde nur eine Stunde in der Woche als Gärtner, als Aufräumer,

als Friedensschlichter, Lebensmittelverteiler … im Einsatz sein.

Der Anfang einer Revolution!

Niemand kann alles,
aber jeder kann etwas.
Packst du mit an bei der großen Welterneuerung?
Wir brauchen deine Gedanken, deine Stimme,
deine Hände, deine Schultern, deine Füße!

TICK, TOCK,

und du klebst immer noch am Sofa.

Tick, tock, du kommst schon wieder nicht hoch.

Tick, tock, die Augen starr auf den Bildschirm gerichtet.

Irgendwelche Bilder flimmern vorbei

… schon wieder eine Stunde, ein Tag vorüber.

Was für eine Verschwendung!

Bist du wirklich nur deswegen auf der Welt?

_ _ _ _ _

Ich habe keinen Zweifel:
In dir steckt so viel – so viel Energie, so viel Begeisterung,
so viel Zukunft, so viele Ideen, lass sie alle raus und fang an,
aus dieser Welt eine neue, bessere Version zu machen.

Ich wünsche

dir

Millionen ...

glückliche Augenblicke

Blaue-Himmel-Tage

Picknicke mit deinen besten Freunden

Träume,

die in Erfüllung gehen

Geistesblitze:

„Gott ist an meiner Seite",

Momente, in denen die Stimme in dir sagt:

„Ich bin auf dem richtigen Weg.

Es läuft gut."

HEILIGER GEIST

„Sei besiegelt mit dem Heiligen Geist",
sagt der Bischof bei der Firmung.

Du hast dich entschieden,
bewusst mit dem Heiligen Geist unterwegs zu sein.
„Der Heilige Geist?", fragst du.
Ich kann es nachvollziehen.
Es ist nicht ganz einfach, sich ihn vorzustellen.
Wie wirkt er? Wo können wir ihn spüren?

ZIEMLICH VERRÜCKT,

was der Heilige Geist damals bewirkt hat.

Jerusalem, vor 2000 Jahren:

— Die Freunde von Jesus sind zusammen,

irgendwie ohne Plan und da stellt der Heilige Geist plötzlich ihr Leben auf den Kopf.

In der Bibel steht:

— Der Heilige Geist kommt wie Feuerzungen über die Jünger.

Da steht auch geschrieben:

— Jeder kann jeden plötzlich verstehen, selbst wenn dieser Chinesisch, Thai oder Suaheli spricht.

— Und sie kommen alle miteinander aus.

— Auf einmal haben alle Mut und die Jünger begreifen, was ihr Auftrag ist.

Zweitausend Jahre später ...

und noch immer spricht man von diesem Ereignis,

noch immer sagen Menschen:

Der Heilige Geist wirkt auch heute.

Heute feiern wir deine Firmung.

Lange hast du dich darauf vorbereitet, über viele Fragen den Kopf zerbrochen. Du hast dich Gott, Jesus und dem Heiligen Geist auf die Spur gemacht, Antworten gefunden, geprüft, verworfen, durch andere ausgetauscht. Jetzt sitzen wir zusammen, stoßen an und freuen uns. Kein Tag wie alle anderen 364 in diesem Jahr. Wir wünschen dir Gottes Segen, wir gratulieren. Wir zücken die Smartphones, grinsen in die Linse, stellen Fotos online von diesem besonderen Tag und mit allen Menschen auf der Welt, die in diesem Jahr Firmung feiern, wünschen wir dir:

Der Heilige Geist sei mit dir,

mit jedem Morgen, der anbricht

und in jeder Nacht, in der du dich schlafen legst.

Er beschütze dich, und wenn dein Kopf mal wie leergefegt ist, fülle er ihn mit neuen Ideen.

Wenn du vor einem riesigen Berg stehst,

schon jetzt außer Puste und mit müden Beinen, ziehe er dich hoch ganz zackig.

Auch wenn du mal keinen Plan hast,

wohin du willst und welches die richtige Richtung ist, vertrau darauf:

Der Heilige Geist wird dir zeigen, wohin es dich zieht!

Menschen hinter dir, Menschen neben dir,

Menschen mit einem offenen Ohr, einem großen Herzen für dich

und, wenn es nötig ist, mit einem weisen Tipp, einem klugen Rat:

All das und noch viel mehr wünsche ich dir!